Género Ficción realista

Pregunta esencial
¿Qué vemos en el cielo?

La luna mensajera

Sebastián Olaso
ilustrado por Laura González

Ya anocheció y Max
tiene sueño.

Pero no irá a la cama todavía.

Espera el llamado de su papá.

El papá está trabajando en Australia por unos meses.

Max lo extraña mucho.

De pronto, una sonrisa enciende el rostro de Max.

¡Suena el teléfono!

Mamá atiende en el acto.

AHORA COMPRUEBA

¿Por qué se enciende una sonrisa en el rostro de Max?

¡Ha llamado papá!

Max tiene muchas ganas de hablar con él.

Le pide a la mamá que le pase el teléfono.

Max quiere saber si su papá tiene sueño.

—¿Estás por irte a dormir, papá? —pregunta Max.

El papá le dice que está listo para ir a trabajar.

—¿Trabajas de noche? —le pregunta Max confundido.

—No, hijo. Aquí ya está amaneciendo —dice el papá.

Max no comprende. Se queda pensativo.

—Oye, Max, asómate a la ventana. Mira el cielo —dice el papá.

Max mira con curiosidad. El cielo está despejado.

El papá le pregunta si ve la luna.

—Esa misma luna estuvo en Australia. Iluminó este cielo hace unas horas.

Detective del lenguaje	¿En qué tiempo está conjugado el verbo subrayado en esta página?

—Le he pedido que estuviera hermosa y brillante para ti —dice el papá.

Max está muy emocionado.

Se queda boquiabierto.

AHORA COMPRUEBA

¿Por qué Max se queda boquiabierto?

¡Qué hermosa luna! —dice Max.

La luna está redonda y brillante. Parece una linterna con pilas nuevas.

—Mañana, cuando te despiertes, aquí ya será de noche —dice el papá—. ¡Cuando aquí es mediodía, allí es medianoche!

Después del llamado, Max sale al patio con su mamá.

Max se acomoda en la hamaca y mira hacia la luna.

Una nube clara sobrevuela el cielo.

—Le enviaré un mensaje a papá. La luna será la mensajera —le dice Max a su mamá.

Max observa la luna en silencio.

Pasa un largo rato.

Max se imagina la cara de su papá en la luna y está feliz.

Detective del lenguaje	¿Qué tienen en común los verbos subrayados en esta página?

Entonces, le pide a la luna que le diga al papá que lo quiere mucho.

Y que espera que vuelva muy pronto.

—Tu plan funcionará —dice la mamá.

Ahora Max se va a dormir feliz.

En pocas horas, papá recibirá su mensaje.

AHORA COMPRUEBA

¿Por qué Max se va a dormir feliz?

Respuesta a la lectura

Resumir

Usa detalles del cuento para resumir *La luna mensajera*.

Evidencia en el texto

1. ¿Cómo sabes que *La luna mensajera* es de ficción? **Género**
2. ¿Qué es lo primero que sucede en el cuento? **Secuencia**
3. ¿Qué significa *medianoche* en la página 10? **Palabras compuestas**
4. Escribe sobre cómo se siente Max al enviar el mensaje a su papá. **Escribir sobre la lectura**

Género Texto expositivo

Compara los textos

Lee sobre cómo las sombras pueden usarse para saber la hora.

El reloj de sol

Un reloj de sol usa sombras para indicar la hora durante el día.

Tú tienes una sombra. Todos la tenemos. Puedes hacer juegos con las sombras. Puedes hacer animales con ellas. Las sombras también dicen la hora.

Los relojes de sol son la forma más vieja de saber la hora. Funcionan porque las sombras tienen un patrón. Se mueven de un lado a otro de un objeto al moverse el sol. La sombra indica las horas en el reloj.

Haz conexiones

¿Qué hay en el cielo que crea las sombras? **Pregunta esencial**

¿Qué importancia tiene la hora en *El reloj de sol* y *La luna mensajera*?

El texto y otros textos

Enfoque:
Elementos literarios

Trama La trama relata los sucesos del cuento en una secuencia: primero, después, luego y al final.

Lee y descubre Primero, Max espera la llamada de su papá. Después, Max habla con él. Luego, Max sale al patio. Al final, Max le envía un mensaje a su papá.

Tu turno

Imagina un cuento de ficción sobre lo que ves en el cielo. Haz una tabla de secuencia que muestre qué sucede primero, después, luego y al final. Escribe algo en cada parte.